우리 아이 첫 알파벳 따라쓰기

초판 인쇄일 2024년 11월 6일   초판 발행일 2024년 11월 13일

지은이 북장단 편집부 발행인 김영숙 신고번호 제2022-000078호
발행처 북장단 주소 (10881) 경기도 파주시 회동길 445-4(문발동 638) 408호
전화 031)955-9221~5 팩스 031)955-9220
인스타그램 @ddbeatbooks 메일 ddbeatbooks@gmail.com

기획·진행 김보리, 박혜지 디자인 김보리 영업마케팅 김준범, 서지영
ISBN 979-11-988803-4-5 정가 10,000원

* 북장단은 도서출판 혜지원의 임프린트입니다. 북장단은 소중한 원고의 투고를 항상 기다리고 있습니다.

1. 제조자	북장단
2. 주소	경기도 파주시 회동길 445-4 408호
3. 전화번호	031-955-9224
4. 제조년월	2024년 11월 6일
5. 제조국	대한민국
6. 사용연령	5세 이상

사용상 주의사항

• 종이에 긁히거나 손이 베이지 않도록 주의하세요.
• 제품을 입에 넣거나 빨지 않도록 주의하세요.
• KC마크는 이 제품이 공통안전기준에 적합하였음을
  의미합니다.

우리 아이 첫 알파벳

따라쓰기

재미 팡팡!
머리에 쏙쏙!

북장단

이 책의 특징

『우리 아이 첫 알파벳 따라쓰기』는 알파벳을 쓰는 순서를 알고
바르게 쓰기, 알파벳의 대문자와 소문자를 제대로 이해하고 반복
연습하는 것에 중점을 둔 알파벳 학습 교재입니다.

알파벳 읽고 따라 쓰기

알파벳을 소리 내어 읽어 보고
대문자, 소문자의 모양을 익힙니다.

알파벳의 대문자, 소문자를
순서에 맞게 따라 쓰며 익힙니다.

알파벳 활동 하며 익히기

알파벳의 모양을 색칠하기로 익히고
영단어와 함께 공부합니다.

 쉽고 재미있는 복습 활동

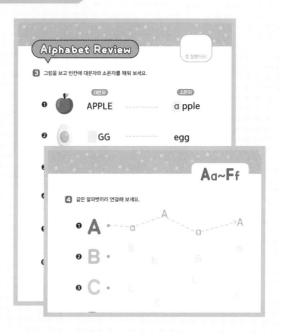

앞에서 배운 알파벳의 대문자와 소문자를
쉽고 재미있는 활동으로 복습합니다.

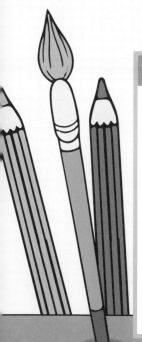

 **파이널 테스트**

앞에서 배운 내용을 잘 기억하고 있는지
테스트 해 봅니다.

Aa 에이	Bb 비

Cc 씨	Dd 디	Ee 이

Ff 에프	Gg 쥐	Hh 에이취

Ii 아이	Jj 제이	Kk 케이

Ll 엘	Mm 엠	Nn 엔

 **내 이름은 A a '에이'**

 알파벳 이름을 소리 내어 읽어 봐요.

 내 이름은 에이!

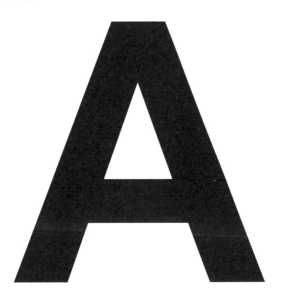

대문자 에이

소문자 에이

 대문자 A(에이)와 소문자 a(에이)를 찾아 ○ 해 봐요.

P A B X
a
A W
w y a o

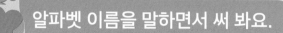

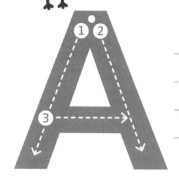

A A A A A

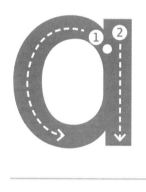

a a a a a a

알파벳 이름을 소리 내어 읽어 봐요.

 내 이름은 비!

B b

대문자 비   소문자 비

 대문자 B(비)와 소문자 b(비)를 찾아 ○ 해 봐요.

A   B   b   X
o   y   C   b
w   B   a

알파벳 이름을 말하면서 써 봐요.

B B B B B

b b b b b b

 앞에서 배운 알파벳을 색칠해 봐요.

 단어랑 같이 공부해요!

사과

APPLE APPLE

apple apple

앞에서 배운 알파벳을 색칠해 봐요.

단어랑 같이 공부해요!

곰

BEAR BEAR

bear bear bear

 내 이름은 Cc '씨'

 알파벳 이름을 소리 내어 읽어 봐요.

 내 이름은 씨!

C c

대문자 씨 　　　　소문자 씨

 대문자 C(씨)와 소문자 c(씨)를 찾아 ○ 해 봐요.

P c o y b X
c B c c b

C C C C C

c c c c c c

 내 이름은 Dd '디'

 알파벳 이름을 소리 내어 읽어 봐요.

내 이름은 디!

대문자 (디)

소문자 (디)

 대문자 D(디)와 소문자 d(디)를 찾아 ○ 해 봐요.

o d D c d

O

D c y A

b

16

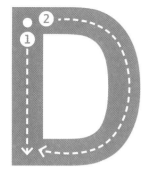

D D D D D

d d d d d d

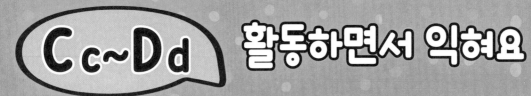

Cc~Dd 활동하면서 익혀요

앞에서 배운 알파벳을 색칠해 봐요.

단어랑 같이 공부해요!

고양이

CAT CAT CAT

cat cat cat cat

앞에서 배운 알파벳을 색칠해 봐요.

단어랑 같이 공부해요!

강아지

DOG DOG DOG

dog dog dog dog

19

 **내 이름은 E e '이'**

 알파벳 이름을 소리 내어 읽어 봐요.

 내 이름은 이!

대문자 [이]　　소문자 [이]

 대문자 E(이)와 소문자 e(이)를 찾아 ○ 해 봐요.

D　E　b　e
e　C　o　E　b
e　　y

알파벳 이름을 말하면서 써 봐요.

월

일

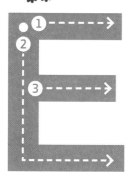

E E E E E E

e e e e e e

21

Ff 내 이름은 Ff '에프'

알파벳 이름을 소리 내어 읽어 봐요.

내 이름은 에프!

대문자　에프

소문자　에프

대문자 F(에프)와 소문자 f(에프)를 찾아 ○ 해 봐요.

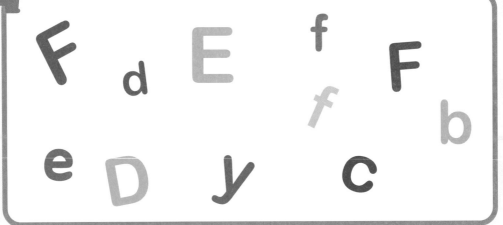

22

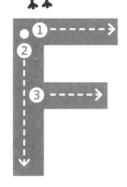

앞에서 배운 알파벳을 색칠해 봐요.

단어랑 같이 공부해요!

계란

EGG EGG EGG

egg egg egg egg

앞에서 배운 알파벳을 색칠해 봐요.

단어랑 같이 공부해요!

물고기

FISH FISH

fish fish fish

25

Alphabet Review

1 대문자와 소문자가 알맞게 짝지어진 것을 고르세요.

❶ A b   D d   C a

❷ E f   B b   A d

❸ F f   C e   E a

❹ B d   E e   F d

2 대문자와 소문자를 연결하고 써 보세요.

B   D   A   F   E   C

c   f   d   a   b   e

Cc   Ff   Dd   Aa   Bb   Ee

Alphabet Review

3 그림을 보고 빈칸에 대문자와 소문자를 채워 보세요.

	대문자		소문자
❶	APPLE	---------	a pple
❷	GG	---------	egg
❸	CAT	---------	at
❹	ISH	---------	fish
❺	DOG	---------	og
❻	EAR	---------	bear

28

4 같은 알파벳끼리 연결해 보세요.

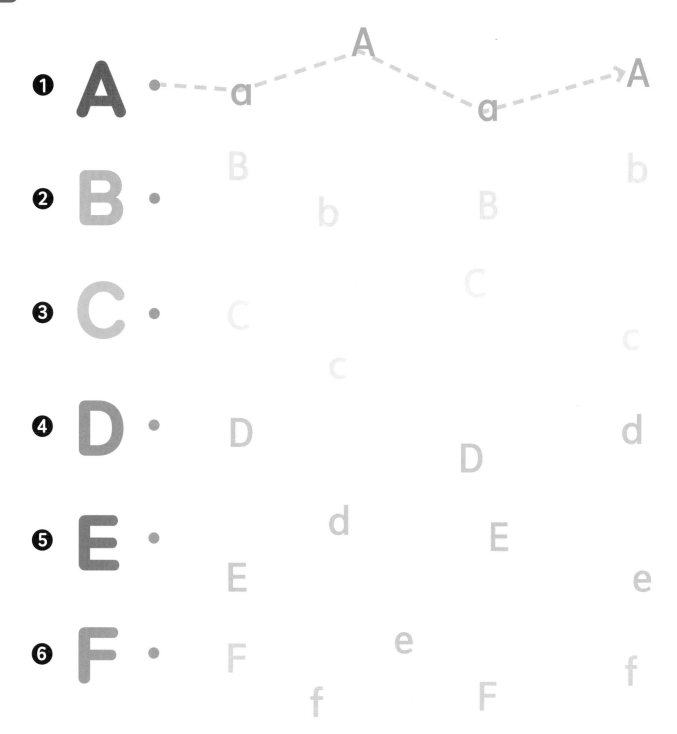

❶ A

❷ B

❸ C

❹ D

❺ E

❻ F

 알파벳 이름을 소리 내어 읽어 봐요.

내 이름은 쥐!

대문자 | 쥐

소문자 | 쥐

 대문자 G(쥐)와 소문자 g(쥐)를 찾아 ○ 해 봐요.

G A W g
G g f o
w H y c G

월

일

G G G G G

g g g g g g

 알파벳 이름을 소리 내어 읽어 봐요.

내 이름은 에이취!

대문자 | 에이취

소문자 | 에이취

 대문자 H(에이취)와 소문자 h(에이취)를 찾아 ○ 해 봐요.

R s i x u h
w H t h H o

알파벳 이름을 말하면서 써 봐요.

일

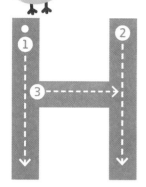

33

앞에서 배운 알파벳을 색칠해 봐요.

단어랑 같이 공부해요!

선물

GIFT   GIFT

gift   gift   gift

앞에서 배운 알파벳을 색칠해 봐요.

집

HOUSE HOUSE

house house

35

 **내 이름은 I i '아이'**

 알파벳 이름을 소리 내어 읽어 봐요.

내 이름은 아이!

대문자 아이

소문자 아이

 대문자 I(아이)와 소문자 i(아이)를 찾아 ○ 해 봐요.

C i A b I
m B i y C h
                           I

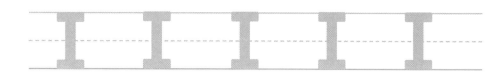

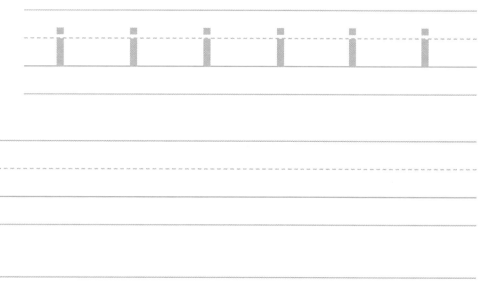

 알파벳 이름을 소리 내어 읽어 봐요.

내 이름은 제이!

대문자 제이

소문자 제이

 대문자 J(제이)와 소문자 j(제이)를 찾아 ○ 해 봐요.

J i A b
w c j
B H j c J

38

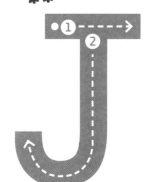

J J J J J

j j j j j j

 **활동하면서 익혀요**

 앞에서 배운 알파벳을 색칠해 봐요.

단어랑 같이 공부해요!

곤충

INSECT INSECT

insect insect insect

앞에서 배운 알파벳을 색칠해 봐요.

단어랑 같이 공부해요!

잼

JAM JAM JAM

jam jam jam jam

 내 이름은 Kk '케이'

 알파벳 이름을 소리 내어 읽어 봐요.

내 이름은 케이!

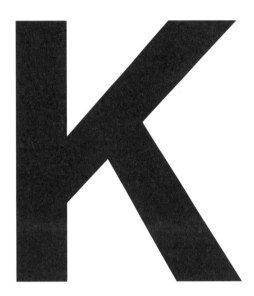

| 대문자 | 케이 |

| 소문자 | 케이 |

 대문자 K(케이)와 소문자 k(케이)를 찾아 ○ 해 봐요.

D ᵏ E B K

k

f S j

K e A

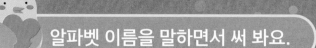
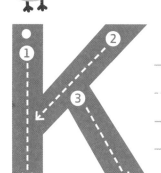

K K K K K K

k k k k k k

43

 내 이름은 L l '엘'

 알파벳 이름을 소리 내어 읽어 봐요.

내 이름은 엘!

| 대문자 | 엘 |

| 소문자 | 엘 |

 대문자 L(엘)과 소문자 l(엘)을 찾아 ○ 해 봐요.

W k l j e
k
L j L k
L d l y A

44

앞에서 배운 알파벳을 색칠해 봐요.

단어랑 같이 공부해요!

코알라

KOALA KOALA

koala koala koala

앞에서 배운 알파벳을 색칠해 봐요.

 단어랑 같이 공부해요!

호수

LAKE LAKE

lake lake lake

Alphabet Review

1 대문자와 소문자가 알맞게 짝지어진 것을 고르세요.

①

G h   J j   H l

②

K j   L g   H h

③

J k   I i   L j

④

L l   I h   G k

2 대문자와 소문자를 연결하고 써 보세요.

G I H J L K

i h l k g j

Ii Hh Ll Kk Gg Jj

Alphabet Review

3 그림을 보고 빈칸에 대문자와 소문자를 채워 보세요.

	대문자		소문자
①	KOALA	-------	k oala
②	NSECT	-------	insect
③	LAKE	-------	ake
④	AM	-------	jam
⑤	HOUSE	-------	ouse
⑥	IFT	-------	gift

4 그림 속에 숨어 있는 대문자를 찾아 ○ 하고, 소문자를 찾아 □ 하세요.

 알파벳 이름을 소리 내어 읽어 봐요.

 내 이름은 엠!

M m

대문자 엠

소문자 엠

 대문자 M(엠)과 소문자 m(엠)을 찾아 ○ 해 봐요.

A f M W C

m H T M G m

월

일

M M M M M

m m m m m m

53

Nn 내 이름은 Nn '엔'

 내 이름은 엔!

알파벳 이름을 소리 내어 읽어 봐요.

N n

| 대문자 | 엔 |

| 소문자 | 엔 |

 대문자 N(엔)과 소문자 n(엔)을 찾아 ○ 해 봐요.

N n n J
o h
G
W H N O

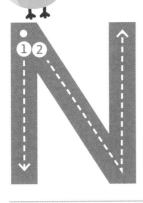

N N N N N

활동하면서 익혀요

앞에서 배운 알파벳을 색칠해 봐요.

원숭이

MONKEY

monkey monkey

앞에서 배운 알파벳을 색칠해 봐요.

단어랑 같이 공부해요!

밤

NIGHT NIGHT

night　　night

 내 이름은 O o '오우'

내 이름은 오우!

알파벳 이름을 소리 내어 읽어 봐요.

대문자 오우

소문자 오우

 대문자 O(오우)와 소문자 o(오우)를 찾아 ◯ 해 봐요.

c o b K
c o
P y c
s i o

내 이름은 Pp '피'

알파벳 이름을 소리 내어 읽어 봐요.

내 이름은 피!

P

p

| 대문자 | 피 |

| 소문자 | 피 |

대문자 P(피)와 소문자 p(피)를 찾아 ○ 해 봐요.

P A p I p
B
w O ㅅ P I j

알파벳 이름을 말하면서 써 봐요.

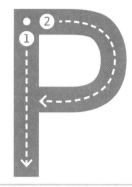

P P P P P

p p p p p p

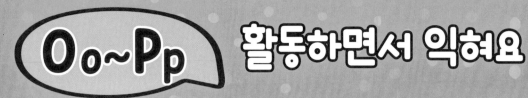

Oo~Pp 활동하면서 익혀요

앞에서 배운 알파벳을 색칠해 봐요.

단어랑 같이 공부해요!

올빼미

OWL OWL OWL

owl owl owl owl

앞에서 배운 알파벳을 색칠해 봐요.

단어랑 같이 공부해요!

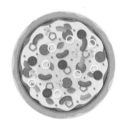

피자

PIZZA PIZZA

pizza pizza pizza

내 이름은 Q q '큐'

내 이름은 큐!

알파벳 이름을 소리 내어 읽어 봐요.

| 대문자 | 큐 |

| 소문자 | 큐 |

대문자 Q(큐)와 소문자 q(큐)를 찾아 ○ 해 봐요.

Q C E B C q
K f q Q S k

알파벳 이름을 말하면서 써 봐요.

월

일

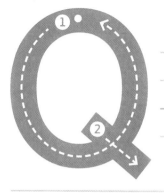

Q Q Q Q Q

q q q q q q

Rr 내 이름은 Rr '알'

알파벳 이름을 소리 내어 읽어 봐요.

내 이름은 알!

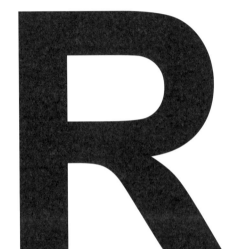

대문자	알

소문자	알

대문자 R(알)과 소문자 r(알)을 찾아 ○ 해 봐요.

D r c j r
R z l R L k
u e

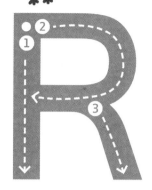

R R R R R

r r r r r

앞에서 배운 알파벳을 색칠해 봐요.

단어랑 같이 공부해요!

여왕

QUEEN QUEEN

queen   queen

앞에서 배운 알파벳을 색칠해 봐요.

단어랑 같이 공부해요!

토끼

RABBIT RABBIT

rabbit rabbit

Alphabet Review

1 대문자와 소문자가 알맞게 짝지어진 것을 고르세요.

❶

O n   P q   M m

❷

N n   Q r   R p

❸

N o   M p   Q q

❹

R r   M n   O m

2 대문자와 소문자를 연결하고 써 보세요.

R N M P Q O

n p r q m o

Nn Pp Rr Qq Mm Oo

Alphabet Review

3 그림을 보고 빈칸에 대문자와 소문자를 채워 보세요.

대문자   **소문자**

❶ QUEEN --------- q ueen

❷ ABBIT --------- rabbit

❸ NIGHT --------- ight

❹ IZZA --------- pizza

❺ OWL --------- wl

❻ ONKEY --------- monkey

72

4 알파벳 Mm-Rr 순서대로 선을 잇고 색칠해 보세요.

내 이름은 Ss '에스'

알파벳 이름을 소리 내어 읽어 봐요.

내 이름은 에스!

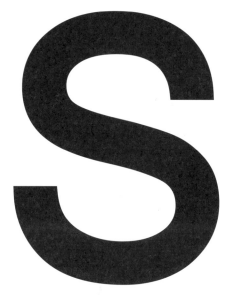 

| 대문자 | 에스 |

| 소문자 | 에스 |

 대문자 S(에스)와 소문자 s(에스)를 찾아 ○ 해 봐요.

S i A T B
h S S
m S y W

알파벳 이름을 말하면서 써 봐요.

S S S S S

S S S S S S

 내 이름은 Tt '티'

 알파벳 이름을 소리 내어 읽어 봐요.

내 이름은 티!

T

t

대문자 티

소문자 티

 대문자 T(티)와 소문자 t(티)를 찾아 ○ 해 봐요.

T h G o t
v N T o
Z B

76

월

일

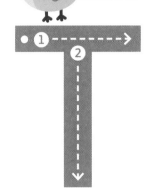

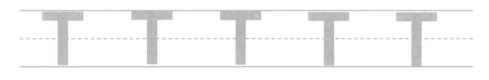

앞에서 배운 알파벳을 색칠해 봐요.

단어랑 같이 공부해요!

미소

SMILE SMILE

smile smile smile

앞에서 배운 알파벳을 색칠해 봐요.

단어랑 같이 공부해요!

토마토

TOMATO TOMATO

tomato tomato

 내 이름은 Uu '유'

 알파벳 이름을 소리 내어 읽어 봐요.

내 이름은 유!

| 대문자 | 유 |

u

| 소문자 | 유 |

 대문자 U(유)와 소문자 u(유)를 찾아 ○ 해 봐요.

u x U j
u c H M
U K y O u

월

일

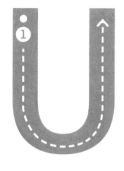

U   U   U   U   U

u   u   u   u   u   u

내 이름은 Vv '브이'

알파벳 이름을 소리 내어 읽어 봐요.

내 이름은 브이!

대문자 　브이

소문자 　브이

대문자 V(브이)와 소문자 v(브이)를 찾아 ○ 해 봐요.

P v A b I
U V B V P j v v

V V V V V V

V V V V V V V

83

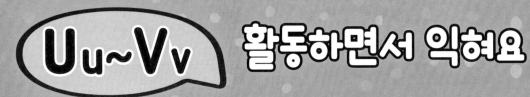

앞에서 배운 알파벳을 색칠해 봐요.

단어랑 같이 공부해요!

우산

UMBRELLA

umbrella umbrella

앞에서 배운 알파벳을 색칠해 봐요.

단어랑 같이 공부해요!

바이올린

VIOLIN VIOLIN

violin violin violin

 내 이름은 Ww '더블유'

 알파벳 이름을 소리 내어 읽어 봐요.

내 이름은 더블유!

W   w

대문자 더블유   소문자 더블유

 대문자 W(더블유)와 소문자 w(더블유)를 찾아 ○ 해 봐요.

Q E   W
   W   ✦ w   W
D   d j
        w   Q   C

W W W W W

W

W W W W W W

W

내 이름은 Ⅹx '엑스'

알파벳 이름을 소리 내어 읽어 봐요.

내 이름은 엑스!

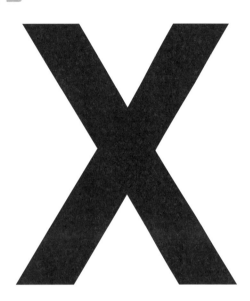

대문자 | 엑스

소문자 | 엑스

대문자 X(엑스)와 소문자 x(엑스)를 찾아 ○ 해 봐요.

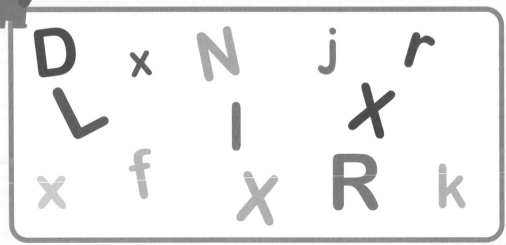

앞에서 배운 알파벳을 색칠해 봐요.

단어랑 같이 공부해요!

마녀

WITCH WITCH

witch   witch

앞에서 배운 알파벳을 색칠해 봐요.

단어랑 같이 공부해요!

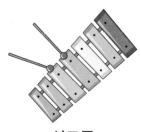

실로폰

XYLOPHONE

xylophone

 내 이름은 Yy '와이'

 알파벳 이름을 소리 내어 읽어 봐요.

내 이름은 와이!

대문자 와이

소문자 와이

 대문자 Y(와이)와 소문자 y(와이)를 찾아 ○ 해 봐요.

Y Y y Y E Y Y
A f u
m S S T W q

92

알파벳 이름을 말하면서 써 봐요.

Y Y Y Y Y Y

y y y y y y y

Zz 내 이름은 Zz '지(제트)'

알파벳 이름을 소리 내어 읽어 봐요.

내 이름은 지!

대문자 | 지

소문자 | 지

대문자 Z(지)와 소문자 z(지)를 찾아 ○ 해 봐요.

e A f Z W Z
f S y G
z X Z B

월

일

Z

Z Z Z Z Z

Z

Z Z Z Z Z Z

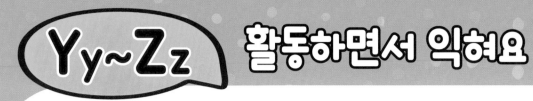

Yy~Zz 활동하면서 익혀요

앞에서 배운 알파벳을 색칠해 봐요.

단어랑 같이 공부해요!

요트

YACHT YACHT

yacht   yacht

앞에서 배운 알파벳을 색칠해 봐요.

단어랑 같이 공부해요!

얼룩말

ZEBRA ZEBRA

zebra zebra

Alphabet Review

1 대문자와 소문자가 알맞게 짝지어진 것을 고르세요.

❶

T t　　U v　　Y x

❷

T z　　Z z　　W v

❸

S y　　Y y　　V u

❹

Z y　　U u　　W z

2 대문자와 소문자를 연결하고 써 보세요.

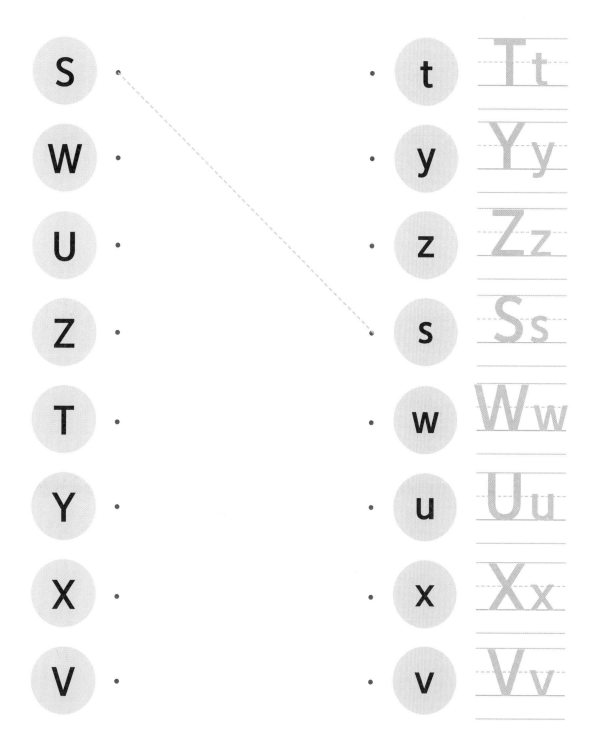

Alphabet Review

3 그림을 보고 빈칸에 대문자와 소문자를 채워 보세요.

❶

TOMATO

t omato

❷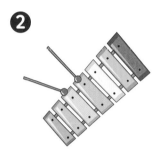

XYLOPHONE

ylophone

❸

YACHT

acht

❹

MBRELLA

umbrella

❺

SMILE

mile

❻

EBRA

zebra

❼

WITCH

itch

❽

IOLIN

violin

100

4 알파벳 순서를 잘 생각하며 순서대로 다음 규칙에 맞게 색칠해 보세요.

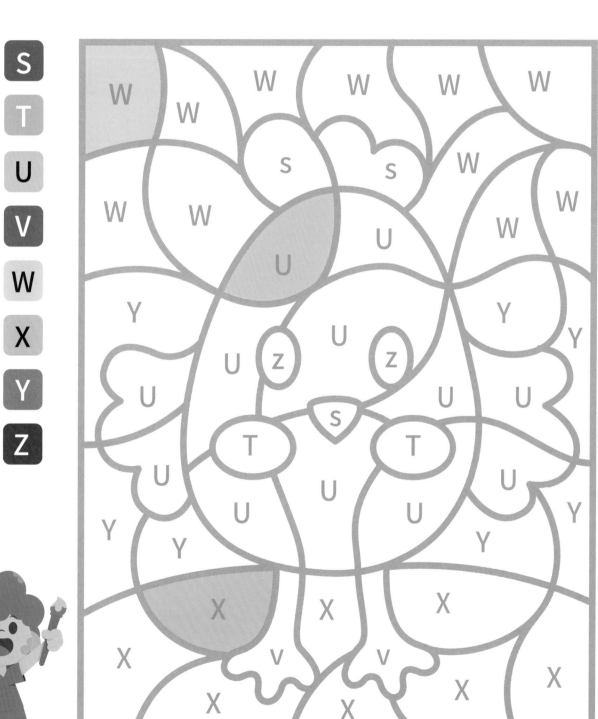

FINAL
파이널 테스트

BEAR ········► BEAR

YACHT ········► YACHT

XYLOPHONE ···► XYLOPHONE

QUEEN ········► QUEEN

WITCH ········► WITCH

TOMATO ········► TOMATO

KOALA ········► KOALA

 zebra ⋯⋯⋯⋯➤ zebra

 umbrella ⋯⋯⋯⋯➤ umbrella

 violin ⋯⋯⋯⋯➤ violin

 rabbit ⋯⋯⋯⋯➤ rabbit

 smile ⋯⋯⋯⋯➤ smile

 monkey ⋯⋯⋯⋯➤ monkey

 lake ⋯⋯⋯⋯➤ lake

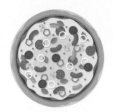 PIZZA ··········▶ PIZZA

 OWL ··········▶ OWL

 INSECT ··········▶ INSECT

 JAM ··········▶ JAM

 GIFT ··········▶ GIFT

 HOUSE ··········▶ HOUSE

 fish ·······························▶ fish

 cat ·······························▶ cat

 dog ·······························▶ dog

 apple ·······························▶ apple

 night ·······························▶ night

 egg ·······························▶ egg

  알파벳은 재밌어!

e	a	G	g	v	H
X	T	g	q	Y	h
B	I	H	k	O	U
u	i	n	J	j	R
K	c	d	N	M	F
k	s	V	z	L	I

M ·

· P

N ·

· m

O ·

· o

P ·

· n

Q ·

· q

R ·

· s

S ·

· r

110

T부터 Z까지 알파벳 규칙대로
대문자 소문자로 빈칸을 채워 보세요.

111

ABC 노래

에이 비 씨 디　　이 에프 지

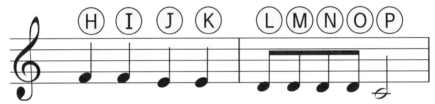

에이취 아이 제이 케이　　엘 엠 엔 오우 피

큐 알 에스　　티 유 브이

더블유　엑스　　와이 앤 지(제트)

나우 아이 노우 마이　　에이 비 씨

넥스 타임 온 츄　　씽 윋 미